TRANZLATY

Sprache ist für alle da

Limba este pentru toată lumea

Die Schöne und das Biest

Frumoasa și Bestia

Gabrielle-Suzanne Barbot de Villeneuve

Deutsch / Română

Copyright © 2025 Tranzlaty
All rights reserved
Published by Tranzlaty
ISBN: 978-1-80572-024-9
Original text by Gabrielle-Suzanne Barbot de Villeneuve
La Belle et la Bête
First published in French in 1740
Taken from The Blue Fairy Book (Andrew Lang)
Illustration by Walter Crane
www.tranzlaty.com

Es war einmal ein reicher Kaufmann
A fost odată un negustor bogat
dieser reiche Kaufmann hatte sechs Kinder
acest bogat negustor a avut șase copii
Er hatte drei Söhne und drei Töchter
a avut trei fii si trei fiice
Er hat keine Kosten für ihre Ausbildung gescheut
nu a scutit nici un cost pentru educația lor
weil er ein vernünftiger Mann war
pentru că era un om cu simț
aber er gab seinen Kindern viele Diener
dar le-a dat copiilor săi mulți slujitori
seine Töchter waren überaus hübsch
fiicele lui erau extrem de frumoase
und seine jüngste Tochter war besonders hübsch
iar fiica lui cea mică era deosebit de drăguță
Schon als Kind wurde ihre Schönheit bewundert
în copilărie, frumusețea ei era deja admirată
und die Leute nannten sie nach ihrer Schönheit
iar oamenii o numeau după frumusețea ei
Ihre Schönheit verblasste nicht, als sie älter wurde
frumusețea ei nu s-a stins pe măsură ce a îmbătrânit
Deshalb nannten die Leute sie weiterhin wegen ihrer Schönheit
așa că oamenii o tot numeau după frumusețea ei
das machte ihre Schwestern sehr eifersüchtig
asta le-a făcut pe surorile ei foarte geloase
Die beiden ältesten Töchter waren sehr stolz
cele două fiice mai mari aveau multă mândrie
Ihr Reichtum war die Quelle ihres Stolzes
averea lor era sursa mândriei lor
und sie verbargen ihren Stolz nicht
și nu și-au ascuns nici mândria
Sie besuchten nicht die Töchter anderer Kaufleute
nu au vizitat fiicele altor negustori
weil sie nur mit Aristokraten zusammentreffen

pentru că se întâlnesc doar cu aristocrația
Sie gingen jeden Tag zu Partys
ieșeau în fiecare zi la petreceri
Bälle, Theaterstücke, Konzerte usw.
baluri, piese de teatru, concerte și așa mai departe
und sie lachten über ihre jüngste Schwester
și râdeau de sora lor cea mai mică
weil sie die meiste Zeit mit Lesen verbrachte
pentru că își petrecea cea mai mare parte a timpului citind
Es war allgemein bekannt, dass sie reich waren
era bine cunoscut că erau bogați
so hielten mehrere bedeutende Kaufleute um ihre Hand an
așa că mai mulți negustori eminenti le-au cerut mâna
aber sie sagten, sie würden nicht heiraten
dar au spus că nu vor să se căsătorească
aber sie waren bereit, einige Ausnahmen zu machen
dar erau pregătiți să facă unele excepții
„Vielleicht könnte ich einen Herzog heiraten"
„Poate că m-aș putea căsători cu un duce"
„Ich schätze, ich könnte einen Grafen heiraten"
„Cred că m-aș putea căsători cu un conte"
Schönheit dankte sehr höflich denen, die ihr einen Antrag gemacht hatten
beauty le-a mulțumit foarte civilizat celor care au cerut-o în căsătorie
Sie sagte ihnen, sie sei noch zu jung zum Heiraten
ea le-a spus că era încă prea tânără pentru a se căsători
Sie wollte noch ein paar Jahre bei ihrem Vater bleiben
a vrut să mai stea câțiva ani cu tatăl ei
Auf einmal verlor der Kaufmann sein Vermögen
Deodată negustorul și-a pierdut averea
er verlor alles außer einem kleinen Landhaus
a pierdut totul în afară de o casă mică de țară
und er sagte seinen Kindern mit Tränen in den Augen:
și le-a spus copiilor săi cu lacrimi în ochi:
„Wir müssen aufs Land gehen"

„Trebuie să mergem la ţară"
„und wir müssen für unseren Lebensunterhalt arbeiten"
„şi trebuie să muncim pentru existenţa noastră"
die beiden ältesten Töchter wollten die Stadt nicht verlassen
cele două fiice mai mari nu voiau să părăsească oraşul
Sie hatten mehrere Liebhaber in der Stadt
au avut mai mulţi îndrăgostiţi în oraş
und sie waren sicher, dass einer ihrer Liebhaber sie heiraten würde
şi erau siguri că unul dintre iubiţii lor se va căsători cu ei
Sie dachten, ihre Liebhaber würden sie heiraten, auch wenn sie kein Vermögen hätten
credeau că iubiţii lor se vor căsători cu ei chiar şi fără avere
aber die guten Damen haben sich geirrt
dar doamnele bune s-au înşelat
Ihre Liebhaber verließen sie sehr schnell
iubiţii lor i-au abandonat foarte repede
weil sie kein Vermögen mehr hatten
pentru că nu mai aveau averi
das zeigte, dass sie nicht wirklich beliebt waren
acest lucru a arătat că nu erau de fapt foarte apreciaţi
alle sagten, sie verdienen kein Mitleid
toată lumea a spus că nu merită să fie milă
„Wir sind froh, dass ihr Stolz gedemütigt wurde"
„Ne bucurăm să le vedem mândria umilită"
„Lasst sie stolz darauf sein, Kühe zu melken"
„să fie mândri că mulg vacile"
aber sie waren um Schönheit besorgt
dar erau preocupaţi de frumuseţe
sie war so ein süßes Geschöpf
era o creatură atât de dulce
Sie sprach so freundlich zu armen Leuten
le-a vorbit atât de binevoitor oamenilor săraci
und sie war von solch unschuldiger Natur
şi era de o natură atât de nevinovată
Mehrere Herren hätten sie geheiratet

Mai mulți domni s-ar fi căsătorit cu ea
Sie hätten sie geheiratet, obwohl sie arm war
s-ar fi căsătorit cu ea chiar dacă era săracă
aber sie sagte ihnen, sie könne sie nicht heiraten
dar ea le-a spus că nu se poate căsători cu ei
weil sie ihren Vater nicht verlassen wollte
pentru că nu și-a părăsit tatăl
sie war entschlossen, mit ihm aufs Land zu fahren
era hotărâtă să meargă cu el la țară
damit sie ihn trösten und ihm helfen konnte
pentru ca ea să-l mângâie și să-l ajute
Die arme Schönheit war zunächst sehr betrübt
Biata frumusețe a fost foarte mâhnită la început
sie war betrübt über den Verlust ihres Vermögens
era îndurerată de pierderea averii
„Aber Weinen wird mein Schicksal nicht ändern"
„dar plânsul nu îmi va schimba averea"
„Ich muss versuchen, ohne Reichtum glücklich zu sein"
„Trebuie să încerc să mă fac fericit fără bogăție"
Sie kamen zu ihrem Landhaus
au venit la casa lor de la tara
und der Kaufmann und seine drei Söhne widmeten sich der Landwirtschaft
iar negustorul și cei trei fii ai săi s-au aplicat la exploatație
Schönheit stand um vier Uhr morgens auf
frumusețea s-a ridicat la patru dimineața
und sie beeilte sich, das Haus zu putzen
iar ea s-a grăbit să curețe casa
und sie sorgte dafür, dass das Abendessen fertig war
și s-a asigurat că cina era gata
ihr neues Leben fiel ihr zunächst sehr schwer
la început i s-a părut foarte dificilă noua ei viață
weil sie diese Arbeit nicht gewohnt war
pentru că ea nu fusese obișnuită cu o astfel de muncă
aber in weniger als zwei Monaten wurde sie stärker
dar în mai puțin de două luni a devenit mai puternică

und sie war gesünder als je zuvor
și era mai sănătoasă decât oricând
nachdem sie ihre arbeit erledigt hatte, las sie
după ce și-a făcut treaba a citit
sie spielte Cembalo
ea cânta la clavecin
oder sie sang, während sie Seide spann
sau ea cânta în timp ce toarse mătase
im Gegenteil, ihre beiden Schwestern wussten nicht, wie sie ihre Zeit verbringen sollten
dimpotrivă, cele două surori ale ei nu știau să-și petreacă timpul
Sie standen um zehn auf und taten den ganzen Tag nichts anderes als herumzufaulenzen
s-au trezit la zece și n-au făcut decât să lenevească toată ziua
Sie beklagten den Verlust ihrer schönen Kleider
se plângeau de pierderea hainelor fine
und sie beklagten sich über den Verlust ihrer Bekannten
și s-au plâns că și-au pierdut cunoștințele
„Schau dir unsere jüngste Schwester an", sagten sie zueinander
„Uitați-vă la sora noastră cea mai mică", și-au spus unul altuia
„Was für ein armes und dummes Geschöpf sie ist"
"Ce biata si proasta este ea"
„Es ist gemein, mit so wenig zufrieden zu sein"
"este rau sa te multumesti cu atat de putin"
der freundliche Kaufmann war ganz anderer Meinung
negustorul amabil era de o părere cu totul diferită
er wusste sehr wohl, dass Schönheit ihre Schwestern übertraf
știa foarte bine că frumusețea le depășește pe surorile ei
Sie übertraf sie sowohl charakterlich als auch geistig
i-a eclipsat atât ca caracter, cât și ca minte
er bewunderte ihre Bescheidenheit und ihre harte Arbeit
îi admira smerenia și munca ei grea
aber am meisten bewunderte er ihre Geduld

dar mai ales îi admira răbdarea
Ihre Schwestern überließen ihr die ganze Arbeit
surorile ei i-au lăsat toată munca de făcut
und sie beleidigten sie ständig
și o insultau în fiecare clipă
Die Familie hatte etwa ein Jahr lang so gelebt
Familia trăia așa de aproximativ un an
dann bekam der Kaufmann einen Brief von einem Buchhalter
apoi comerciantul a primit o scrisoare de la un contabil
er hatte in ein Schiff investiert
a avut o investiție într-o navă
und das Schiff war sicher angekommen
iar nava sosise cu bine
diese Nachricht ließ die beiden ältesten Töchter staunen
vestea lui a întors capetele celor două fiice mai mari
Sie hatten sofort die Hoffnung, in die Stadt zurückzukehren
au avut imediat speranțe să se întoarcă în oraș
weil sie des Landlebens überdrüssig waren
pentru că erau destul de obosiți de viața la țară
Sie gingen zu ihrem Vater, als er ging
s-au dus la tatăl lor când el pleca
Sie baten ihn, ihnen neue Kleider zu kaufen
l-au rugat să le cumpere haine noi
Kleider, Bänder und allerlei Kleinigkeiten
rochii, panglici și tot felul de lucruri mărunte
aber die Schönheit verlangte nichts
dar frumusețea nu a cerut nimic
weil sie dachte, das Geld würde nicht reichen
pentru că ea credea că banii nu vor fi suficienți
es würde nicht reichen, um alles zu kaufen, was ihre Schwestern wollten
nu ar fi suficient să cumpere tot ce și-au dorit surorile ei
„Was möchtest du, Schönheit?", fragte ihr Vater
— Ce ți-ar plăcea, frumusețe? întrebă tatăl ei
"Danke, Vater, dass du so nett bist, an mich zu denken",

sagte sie
„Îți mulțumesc, părinte, pentru bunătatea de a te gândi la mine", a spus ea
„Vater, sei so freundlich und bring mir eine Rose mit"
„Tată, fii atât de amabil încât să-mi aduci un trandafir"
„weil hier im Garten keine Rosen wachsen"
"pentru ca nu cresc trandafiri aici in gradina"
„und Rosen sind eine Art Rarität"
„și trandafirii sunt un fel de raritate"
Schönheit mochte Rosen nicht wirklich
frumuseții nu prea îi păsa de trandafiri
sie bat nur um etwas, um ihre Schwestern nicht zu verurteilen
a cerut doar ceva pentru a nu-și condamna surorile
aber ihre Schwestern dachten, sie hätte aus anderen Gründen nach Rosen gefragt
dar surorile ei credeau că a cerut trandafiri din alte motive
„Sie hat es nur getan, um besonders auszusehen"
"Ea a făcut-o doar pentru a arăta special"
Der freundliche Mann machte sich auf die Reise
Bărbatul bun a plecat în călătoria lui
aber als er ankam, stritten sie über die Ware
dar când a sosit s-au certat despre marfă
und nach viel Ärger kam er genauso arm zurück wie zuvor
iar după multe necazuri s-a întors la fel de sărac ca înainte
er war nur ein paar Stunden von seinem eigenen Haus entfernt
se afla la câteva ore de propria sa casă
und er stellte sich schon die Freude vor, seine Kinder zu sehen
și își imagina deja bucuria de a-și vedea copiii
aber als er durch den Wald ging, verirrte er sich
dar când trecea prin pădure s-a rătăcit
es hat furchtbar geregnet und geschneit
a plouat și a nins îngrozitor
der Wind war so stark, dass er ihn vom Pferd warf

vântul era atât de puternic încât l-a aruncat de pe cal
und die Nacht kam schnell
iar noaptea venea repede
er begann zu glauben, er müsse verhungern
a început să se gândească că ar putea muri de foame
und er dachte, er könnte erfrieren
și s-a gândit că s-ar putea să înghețe până la moarte
und er dachte, Wölfe könnten ihn fressen
și a crezut că lupii îl pot mânca
die Wölfe, die er um sich herum heulen hörte
lupii pe care i-a auzit urlând în jurul lui
aber plötzlich sah er ein Licht
dar dintr-o dată văzu o lumină
er sah das Licht in der Ferne durch die Bäume
a văzut lumina de la distanță printre copaci
als er näher kam, sah er, dass das Licht ein Palast war
când s-a apropiat a văzut că lumina era un palat
der Palast war von oben bis unten beleuchtet
palatul era luminat de sus în jos
Der Kaufmann dankte Gott für sein Glück
negustorul a mulțumit lui Dumnezeu pentru norocul său
und er eilte zum Palast
iar el s-a grăbit la palat
aber er war überrascht, keine Leute im Palast zu sehen
dar a fost surprins să nu vadă oameni în palat
der Hof war völlig leer
curtea curții era complet goală
und nirgendwo ein Lebenszeichen
și nu era niciun semn de viață nicăieri
sein Pferd folgte ihm in den Palast
calul lui l-a urmat în palat
und dann fand sein Pferd großen Stall
și atunci calul său a găsit un grajd mare
das arme Tier war fast verhungert
bietul animal era aproape înfometat
also ging sein Pferd hinein, um Heu und Hafer zu finden

așa că calul lui a intrat să găsească fân și ovăz
zum Glück fand er reichlich zu essen
din fericire a găsit destule de mâncare
und der Kaufmann band sein Pferd an die Krippe
iar negustorul și-a legat calul de iesle
Als er zum Haus ging, sah er niemanden
mergând spre casă, nu văzu pe nimeni
aber in einer großen Halle fand er ein gutes Feuer
dar într-o sală mare a găsit un foc bun
und er fand einen Tisch für eine Person gedeckt
și a găsit o masă pusă pentru unul
er war nass vom Regen und Schnee
era ud de ploaie și zăpadă
Also ging er zum Feuer, um sich abzutrocknen
așa că s-a apropiat de foc să se usuce
„**Ich hoffe, der Hausherr entschuldigt mich**"
„Sper că stăpânul casei mă va scuza"
„**Ich schätze, es wird nicht lange dauern, bis jemand auftaucht.**"
„Presupun că nu va dura mult până când cineva va apărea"
Er wartete eine beträchtliche Zeit
A așteptat un timp considerabil
er wartete, bis es elf schlug, und noch immer kam niemand
a așteptat până a bătut unsprezece și tot nu a venit nimeni
Schließlich war er so hungrig, dass er nicht länger warten konnte
în sfârșit îi era atât de foame încât nu mai putea aștepta
er nahm ein Hühnchen und aß es in zwei Bissen
a luat niște pui și l-a mâncat în două guri
er zitterte beim Essen
tremura în timp ce mânca mâncarea
danach trank er ein paar Gläser Wein
după aceasta a băut câteva pahare de vin
Er wurde mutiger und verließ den Saal
din ce în ce mai curajos a ieșit din hol
und er durchquerte mehrere große Hallen

și a traversat mai multe săli mărețe
Er ging durch den Palast, bis er in eine Kammer kam
a mers prin palat până a intrat într-o încăpere
eine Kammer, in der sich ein überaus gutes Bett befand
o cameră care avea un pat foarte bun în ea
er war von der Tortur sehr erschöpft
era foarte obosit de încercarea lui
und es war schon nach Mitternacht
iar ora trecuse deja de miezul nopții
also beschloss er, dass es das Beste sei, die Tür zu schließen
așa că a decis că cel mai bine era să închidă ușa
und er beschloss, dass er zu Bett gehen sollte
și a ajuns la concluzia că ar trebui să meargă la culcare
Es war zehn Uhr morgens, als der Kaufmann aufwachte
Era zece dimineața când s-a trezit negustorul
gerade als er aufstehen wollte, sah er etwas
tocmai când avea să se ridice a văzut ceva
er war erstaunt, saubere Kleidung zu sehen
a fost uimit să vadă un set de haine curate
an der Stelle, wo er seine schmutzigen Kleider zurückgelassen hatte
în locul în care își lăsase hainele murdare
"Mit Sicherheit gehört dieser Palast einer netten Fee"
„Cu siguranță acest palat aparține unei zâne amabile"
„eine Fee, die mich gesehen und bemitleidet hat"
„ o zână care m-a văzut și s-a făcut milă"
er sah durch ein Fenster
se uită printr-o fereastră
aber statt Schnee sah er den herrlichsten Garten
dar în loc de zăpadă a văzut cea mai încântătoare grădină
und im Garten waren die schönsten Rosen
iar în grădină erau cei mai frumoși trandafiri
dann kehrte er in die große Halle zurück
s-a întors apoi în sala mare
der Saal, in dem er am Abend zuvor Suppe gegessen hatte
sala în care băuse supă cu o seară înainte

und er fand etwas Schokolade auf einem kleinen Tisch
și a găsit niște ciocolată pe o măsuță
„Danke, liebe Frau Fee", sagte er laut
— Mulțumesc, bună doamnă Zână, spuse el cu voce tare
„Danke für Ihre Fürsorge"
„Îți mulțumesc că ai fost atât de grijuliu"
„Ich bin Ihnen für all Ihre Gefälligkeiten äußerst dankbar"
„Vă sunt extrem de recunoscător pentru toate favorurile"
Der freundliche Mann trank seine Schokolade
bărbatul bun și-a băut ciocolata
und dann ging er sein Pferd suchen
și apoi s-a dus să-și caute calul
aber im Garten erinnerte er sich an die Bitte der Schönheit
dar în grădină își aminti de cererea frumuseții
und er schnitt einen Rosenzweig ab
și a tăiat o ramură de trandafiri
sofort hörte er ein lautes Geräusch
imediat a auzit un zgomot mare
und er sah ein furchtbar furchtbares Tier
și a văzut o fiară îngrozitor de înfricoșătoare
er war so erschrocken, dass er kurz davor war, ohnmächtig zu werden
era atât de speriat încât era gata să leșine
„Du bist sehr undankbar", sagte das Tier zu ihm
„Ești foarte nerecunoscător", i-a spus fiara
und das Tier sprach mit schrecklicher Stimme
iar fiara a vorbit cu o voce groaznică
„Ich habe dein Leben gerettet, indem ich dich in mein Schloss gelassen habe"
„Ți-am salvat viața dându-ți voie să intri în castelul meu"
"und dafür stiehlst du mir im Gegenzug meine Rosen?"
„și pentru asta îmi furi trandafirii în schimb?"
„Die Rosen sind für mich mehr wert als alles andere"
„Trandafirii pe care îi prețuiesc dincolo de orice"
„Aber du wirst für das, was du getan hast, sterben"
"dar vei muri pentru ceea ce ai facut"

„**Ich gebe Ihnen nur eine Viertelstunde, um sich vorzubereiten**"
„Îți dau doar un sfert de oră să te pregătești"
„**Bereiten Sie sich auf den Tod vor und sprechen Sie Ihre Gebete**"
„Pregătește-te pentru moarte și spune-ți rugăciunile"
der Kaufmann fiel auf die Knie
negustorul a căzut în genunchi
und er hob beide Hände
și și-a ridicat ambele mâini
„**Mein Herr, ich flehe Sie an, mir zu vergeben**"
„Domnul meu, vă implor să mă iertați"
„**Ich hatte nicht die Absicht, Sie zu beleidigen**"
„Nu am avut de gând să te jignesc"
„**Ich habe für eine meiner Töchter eine Rose gepflückt**"
„Am adunat un trandafir pentru una dintre fiicele mele"
„**Sie bat mich, ihr eine Rose mitzubringen**"
„Mi-a cerut să-i aduc un trandafir"
„**Ich bin nicht euer Herr, sondern ein Tier**", antwortete das **Monster**
„Nu sunt stăpânul tău, dar sunt o fiară", a răspuns monstrul
„**Ich mag keine Komplimente**"
„Nu-mi plac complimentele"
„**Ich mag Menschen, die so sprechen, wie sie denken**"
„Îmi plac oamenii care vorbesc așa cum gândesc"
„**glauben Sie nicht, dass ich durch Schmeicheleien bewegt werden kann**"
„Nu vă imaginați că pot fi mișcat de lingușire"
„**Aber Sie sagen, Sie haben Töchter**"
„Dar spui că ai fete"
„**Ich werde dir unter einer Bedingung vergeben**"
„Te voi ierta cu o condiție"
„**Eine deiner Töchter muss freiwillig in meinen Palast kommen**"
„una dintre fiicele tale trebuie să vină de bunăvoie la palatul meu"

"und sie muss für dich leiden"
„şi ea trebuie să sufere pentru tine"
„**Gib mir Dein Wort"**
"Lasa-ma sa iti am cuvantul"
„**Und dann können Sie Ihren Geschäften nachgehen"**
„şi apoi poţi să-ţi faci treaba"
„**Versprich mir das:"**
"Promite-mi asta:"
„**Wenn Ihre Tochter sich weigert, für Sie zu sterben, müssen Sie innerhalb von drei Monaten zurückkehren"**
„Dacă fiica ta refuză să moară pentru tine, trebuie să te întorci în trei luni"
der Kaufmann hatte nicht die Absicht, seine Töchter zu opfern
negustorul nu avea nicio intenţie să-şi sacrifice fiicele
aber da ihm Zeit gegeben wurde, wollte er seine Töchter noch einmal sehen
dar, din moment ce i s-a dat timp, a vrut să-şi vadă fiicele încă o dată
also versprach er, dass er zurückkehren würde
aşa că a promis că se va întoarce
und das Tier sagte ihm, er könne aufbrechen, wann er wolle
iar fiara i-a spus că poate pleca când va voi
und das Tier erzählte ihm noch etwas
iar fiara i-a mai spus un lucru
„**Du sollst nicht mit leeren Händen gehen"**
„Să nu pleci cu mâinile goale"
„**Geh zurück in das Zimmer, in dem du lagst"**
„Întoarce-te în camera în care te-ai întins"
„**Sie werden eine große leere Schatzkiste sehen"**
„Veţi vedea un cufăr mare de comori gol"
„**Fülle die Schatzkiste mit allem, was Dir am besten gefällt"**
„Umpleţi cufărul cu comori cu tot ce vă place mai mult"
„**und ich werde die Schatzkiste zu Dir nach Hause schicken"**
„şi voi trimite cufărul cu comori la tine acasă"
und gleichzeitig zog sich das Tier zurück

și în același timp fiara s-a retras
„Nun", sagte sich der gute Mann
„Ei bine", a spus omul bun pentru sine
„Wenn ich sterben muss, werde ich meinen Kindern wenigstens etwas hinterlassen"
„Dacă trebuie să mor, măcar voi lăsa ceva copiilor mei"
so kehrte er ins Schlafzimmer zurück
așa că s-a întors în dormitor
und er fand sehr viele Goldstücke
și a găsit o mulțime de piese de aur
er füllte die Schatzkiste, die das Tier erwähnt hatte
a umplut cufărul cu comori despre care pomenise fiara
und er holte sein Pferd aus dem Stall
și și-a scos calul din grajd
die Freude, die er beim Betreten des Palastes empfand, war nun genauso groß wie die Trauer, die er beim Verlassen des Palastes empfand
bucuria pe care o simțea la intrarea în palat era acum egală cu durerea pe care o simțea la ieșirea din el
Das Pferd nahm einen der Wege im Wald
calul a luat unul din drumurile pădurii
und in wenigen Stunden war der gute Mann zu Hause
iar în câteva ore omul bun era acasă
seine Kinder kamen zu ihm
copiii lui au venit la el
aber anstatt ihre Umarmungen mit Freude entgegenzunehmen, sah er sie an
dar în loc să le primească cu plăcere îmbrățișările, se uită la ei
er hielt den Ast hoch, den er in den Händen hielt
ridică creanga pe care o avea în mâini
und dann brach er in Tränen aus
apoi a izbucnit în lacrimi
„Schönheit", sagte er, „nimm bitte diese Rosen"
„Frumusețe", a spus el, „te rog să ia acești trandafiri"
„Sie können nicht wissen, wie teuer diese Rosen waren"
„Nu poți ști cât de scumpi au fost trandafirii ăștia"

„Diese Rosen haben deinen Vater das Leben gekostet"
„Acești trandafiri l-au costat viața pe tatăl tău"
und dann erzählte er von seinem tödlichen Abenteuer
iar apoi a povestit despre aventura lui fatală
Sofort schrien die beiden ältesten Schwestern
imediat cele două surori mai mari au strigat
und sie sagten viele gemeine Dinge zu ihrer schönen Schwester
și i-au spus multe lucruri rele frumoasei lor surori
aber die Schönheit weinte überhaupt nicht
dar frumusețea nu plângea deloc
„Seht euch den Stolz dieses kleinen Schurken an", sagten sie
„Uită-te la mândria acelui nenorocit", au spus ei
„Sie hat nicht nach schönen Kleidern gefragt"
"nu a cerut haine frumoase"
„Sie hätte tun sollen, was wir getan haben"
„Ar fi trebuit să facă ceea ce am făcut noi"
„Sie wollte sich hervortun"
„a vrut să se distingă"
„so wird sie nun den Tod unseres Vaters bedeuten"
„Deci acum ea va fi moartea tatălui nostru"
„und doch vergießt sie keine Träne"
„și totuși nu varsă o lacrimă"
"Warum sollte ich weinen?", antwortete die Schönheit
„De ce să plâng?" răspunse frumusețea
„Weinen wäre völlig unnötig"
„Plânsul ar fi foarte inutil"
„Mein Vater wird nicht für mich leiden"
„Tatăl meu nu va suferi pentru mine"
„Das Monster wird eine seiner Töchter akzeptieren"
„monstrul va accepta una dintre fiicele lui"
„Ich werde mich seiner ganzen Wut aussetzen"
„Mă voi oferi toată furia lui"
„Ich bin sehr glücklich, denn mein Tod wird das Leben meines Vaters retten"

„Sunt foarte fericit, pentru că moartea mea va salva viața tatălui meu"
„Mein Tod wird ein Beweis meiner Liebe sein"
„Moartea mea va fi o dovadă a iubirii mele"
„Nein, Schwester", sagten ihre drei Brüder
„Nu, soră", au spus cei trei frați ai ei
„das darf nicht sein"
"asta nu va fi"
„Wir werden das Monster finden"
„Vom merge să găsim monstrul"
"und entweder wir werden ihn töten..."
"și fie îl vom ucide..."
„... oder wir werden bei dem Versuch umkommen"
„... sau vom pieri în încercare"
„Stellt euch nichts dergleichen vor, meine Söhne", sagte der Kaufmann
„Nu vă imaginați așa ceva, fiii mei", a spus negustorul
„Die Kraft des Biests ist so groß, dass ich keine Hoffnung habe, dass Ihr es besiegen könntet."
„puterea fiarei este atât de mare încât nu am nicio speranță că o poți birui"
„Ich bin entzückt von dem freundlichen und großzügigen Angebot der Schönheit"
„Sunt fermecat de oferta bună și generoasă a frumuseții"
„aber ich kann ihre Großzügigkeit nicht annehmen"
"dar nu pot accepta generozitatea ei"
„Ich bin alt und habe nicht mehr lange zu leben"
„Sunt bătrân și nu mai am mult de trăit"
„also kann ich nur ein paar Jahre verlieren"
„deci nu pot pierde decât câțiva ani"
„Zeit, die ich für euch bereue, meine lieben Kinder"
„Timp pe care îl regret pentru voi, dragii mei copii"
„Aber Vater", sagte die Schönheit
— Dar tată, spuse frumusețea
„Du sollst nicht ohne mich in den Palast gehen"
„Nu vei merge la palat fără mine"

„Du kannst mich nicht davon abhalten, dir zu folgen"
„Nu mă poți opri să te urmăresc"
nichts könnte Schönheit vom Gegenteil überzeugen
nimic nu ar putea convinge frumusetea altfel
Sie bestand darauf, in den schönen Palast zu gehen
a insistat să meargă la frumosul palat
und ihre Schwestern waren erfreut über ihre Beharrlichkeit
iar surorile ei erau încântate de insistența ei
Der Kaufmann war besorgt bei dem Gedanken, seine Tochter zu verlieren
Negustorul era îngrijorat la gândul că-și va pierde fiica
er war so besorgt, dass er die Truhe voller Gold vergessen hatte
era atât de îngrijorat încât uitase de cufărul plin cu aur
Abends begab er sich zur Ruhe und schloss die Tür seines Zimmers.
noaptea s-a retras să se odihnească și și-a închis ușa camerei
Dann fand er zu seinem großen Erstaunen den Schatz neben seinem Bett.
apoi, spre marea lui uimire, a găsit comoara lângă patul lui
er war entschlossen, es seinen Kindern nicht zu erzählen
era hotărât să nu le spună copiilor săi
Wenn sie es gewusst hätten, wären sie in die Stadt zurückgekehrt
dacă ar fi știut, ar fi vrut să se întoarcă în oraș
und er war entschlossen, das Land nicht zu verlassen
și era hotărât să nu părăsească țara
aber er vertraute der Schönheit das Geheimnis
dar a încrezut frumuseții cu secretul
Sie teilte ihm mit, dass zwei Herren gekommen seien
ea l-a informat că au venit doi domni
und sie machten ihren Schwestern einen Heiratsantrag
și le-au făcut propuneri surorilor ei
Sie bat ihren Vater, ihrer Heirat zuzustimmen
ea l-a implorat pe tatăl ei să consimtă la căsătoria lor
und sie bat ihn, ihnen etwas von seinem Vermögen zu

geben
iar ea i-a cerut să le dea o parte din averea lui
sie hatte ihnen bereits vergeben
ea îi iertase deja
Die bösen Kreaturen rieben ihre Augen mit Zwiebeln
făpturile rele și-au frecat ochii cu ceapă
um beim Abschied von der Schwester ein paar Tränen zu vergießen
să forțeze niște lacrimi când s-au despărțit de sora lor
aber ihre Brüder waren wirklich besorgt
dar frații ei chiar erau îngrijorați
Schönheit war die einzige, die keine Tränen vergoss
frumusețea a fost singura care nu a vărsat nicio lacrimă
sie wollte ihr Unbehagen nicht vergrößern
ea nu voia să le sporească neliniștea
Das Pferd nahm den direkten Weg zum Palast
calul a luat drumul direct către palat
und gegen Abend sahen sie den erleuchteten Palast
iar spre seară au văzut palatul luminat
das Pferd begab sich wieder in den Stall
calul s-a luat din nou în grajd
und der gute Mann und seine Tochter gingen in die große Halle
iar omul bun și fiica lui au intrat în sala cea mare
hier fanden sie einen herrlich gedeckten Tisch
aici au găsit o masă splendid servită
der Kaufmann hatte keinen Appetit zu essen
negustorul nu avea poftă de mâncare
aber die Schönheit bemühte sich, fröhlich zu erscheinen
dar frumusețea se străduia să pară veselă
sie setzte sich an den Tisch und half ihrem Vater
s-a așezat la masă și și-a ajutat tatăl
aber sie dachte auch bei sich:
dar și ea se gândea:
„Das Biest will mich sicher mästen, bevor es mich frisst"
„Fiara sigur vrea să mă îngrașă înainte să mă mănânce"

„deshalb sorgt er für so viel Unterhaltung"
„de aceea oferă atât de mult divertisment"
Nachdem sie gegessen hatten, hörten sie ein großes Geräusch
după ce au mâncat au auzit un zgomot mare
und der Kaufmann verabschiedete sich mit Tränen in den Augen von seinem unglücklichen Kind
iar negustorul și-a luat rămas bun de nefericitul său copil, cu lacrimi în ochi
weil er wusste, dass das Biest kommen würde
pentru că știa că va veni fiara
Die Schönheit war entsetzt über seine schreckliche Gestalt
frumusețea era îngrozită de forma lui oribilă
aber sie nahm ihren Mut zusammen, so gut sie konnte
dar ea a prins curaj cât a putut de bine
und das Monster fragte sie, ob sie freiwillig mitkäme
iar monstrul a întrebat-o dacă a venit de bunăvoie
"ja, ich bin freiwillig gekommen", sagte sie zitternd
— da, am venit de bună voie, spuse ea tremurând
Das Tier antwortete: „Du bist sehr gut"
fiara a răspuns: „Ești foarte bun"
„und ich bin Ihnen zu großem Dank verpflichtet, ehrlicher Mann"
"și vă sunt foarte recunoscător; om cinstit"
„Geht morgen früh eure Wege"
"du-te drumul tau maine dimineata"
„aber denk nie daran, wieder hierher zu kommen"
„dar să nu te gândești să mai vin aici"
„Lebe wohl, Schönheit, lebe wohl, Biest", antwortete er
„Adio frumusețe, adio fiară", a răspuns el
und sofort zog sich das Monster zurück
și imediat monstrul s-a retras
"Oh, Tochter", sagte der Kaufmann
— O, fiică, spuse negustorul
und er umarmte seine Tochter noch einmal
și și-a îmbrățișat fiica încă o dată

„Ich habe fast Todesangst"
"Aproape sunt speriat de moarte"
„glauben Sie mir, Sie sollten lieber zurückgehen"
"Crede-ma, ar fi bine sa te intorci"
„Lass mich hier bleiben, statt dir"
"Lasa-ma sa stau aici, in loc de tine"
„Nein, Vater", sagte die Schönheit entschlossen
— Nu, tată, spuse frumusețea, pe un ton hotărât
„Du sollst morgen früh aufbrechen"
„Vei pleca mâine dimineață"
„überlasse mich der Obhut und dem Schutz der Vorsehung"
„Lasă-mă în grija și protecția providenței"
trotzdem gingen sie zu Bett
cu toate acestea s-au dus la culcare
Sie dachten, sie würden die ganze Nacht kein Auge zutun
credeau că nu vor închide ochii toată noaptea
aber als sie sich hinlegten, schliefen sie ein
dar tocmai când s-au întins, au adormit
Die Schönheit träumte, eine schöne Dame kam und sagte zu ihr:
Frumusețea a visat că a venit o doamnă bună și i-a spus:
„Ich bin zufrieden, Schönheit, mit deinem guten Willen"
„Sunt mulțumit, frumusețe, cu bunăvoința ta"
„Diese gute Tat von Ihnen wird nicht unbelohnt bleiben"
„Această acțiune bună a ta nu va rămâne nerăsplătită"
Die Schöne erwachte und erzählte ihrem Vater ihren Traum
frumusețea s-a trezit și i-a spus tatălui ei visul
der Traum tröstete ihn ein wenig
visul a ajutat să-l consoleze puțin
aber er konnte nicht anders, als bitterlich zu weinen, als er ging
dar nu se putea abține să plângă amar în timp ce pleca
Sobald er weg war, setzte sich Schönheit in die große Halle und weinte ebenfalls
de îndată ce a plecat, frumusețea s-a așezat în sala mare și a plâns și ea

aber sie beschloss, sich keine Sorgen zu machen
dar ea s-a hotărât să nu fie neliniştită
Sie beschloss, in der kurzen Zeit, die ihr noch zu leben blieb, stark zu sein
a hotărât să fie puternică pentru puţinul timp care-i mai rămânea de trăit
weil sie fest davon überzeugt war, dass das Biest sie fressen würde
pentru că credea ferm că fiara o va mânca
Sie dachte jedoch, sie könnte genauso gut den Palast erkunden
totuşi, se gândi că ar putea la fel de bine să exploreze palatul
und sie wollte das schöne Schloss besichtigen
şi a vrut să vadă frumosul castel
ein Schloss, das sie bewundern musste
un castel pe care nu se putea abţine să-l admire
Es war ein wunderbar angenehmer Palast
era un palat încântător de plăcut
und sie war äußerst überrascht, als sie eine Tür sah
şi a fost extrem de surprinsă văzând o uşă
und über der Tür stand, dass es ihr Zimmer sei
iar peste uşă era scris că era camera ei
sie öffnete hastig die Tür
ea deschise uşa în grabă
und sie war ganz geblendet von der Pracht des Raumes
şi era destul de uluită de măreţia camerei
was ihre Aufmerksamkeit vor allem auf sich zog, war eine große Bibliothek
ceea ce i-a atras în principal atenţia a fost o bibliotecă mare
ein Cembalo und mehrere Notenbücher
un clavecin şi mai multe cărţi de muzică
„Nun", sagte sie zu sich selbst
„Ei bine", a spus ea pentru sine
„Ich sehe, das Biest wird meine Zeit nicht verstreichen lassen"
„Văd că fiara nu-mi va lăsa timpul să atârne greu"

dann dachte sie über ihre Situation nach
apoi s-a gândit în sinea ei despre situația ei
„Wenn ich einen Tag bleiben sollte, wäre das alles nicht hier"
„Dacă ar fi fost menită să stau o zi, toate acestea nu ar fi aici"
diese Überlegung gab ihr neuen Mut
această considerație i-a inspirat un curaj proaspăt
und sie nahm ein Buch aus ihrer neuen Bibliothek
și a luat o carte din noua ei bibliotecă
und sie las diese Worte in goldenen Buchstaben:
iar ea a citit aceste cuvinte cu litere aurii:
„Begrüße Schönheit, vertreibe die Angst"
„Bine ai venit frumusețea, alungă frica"
„Du bist hier Königin und Herrin"
„Ești regină și amantă aici"
„Sprich deine Wünsche aus, sprich deinen Willen aus"
„Spune-ți dorințele, spune-ți voința"
„Schneller Gehorsam begegnet hier Ihren Wünschen"
„Supunerea rapidă îndeplinește dorințele tale aici"
"Ach", sagte sie mit einem Seufzer
— Vai, spuse ea oftând
„Am meisten wünsche ich mir, meinen armen Vater zu sehen"
„Mai mult îmi doresc să-mi văd bietul tată"
„und ich würde gerne wissen, was er tut"
„și aș vrea să știu ce face"
Kaum hatte sie das gesagt, bemerkte sie den Spiegel
De îndată ce spuse asta, observă oglinda
zu ihrem großen Erstaunen sah sie ihr eigenes Zuhause im Spiegel
spre marea ei uimire și-a văzut propria casă în oglindă
Ihr Vater kam emotional erschöpft an
tatăl ei a sosit epuizat emoțional
Ihre Schwestern gingen ihm entgegen
surorile ei au mers să-l întâmpine
trotz ihrer Versuche, traurig zu wirken, war ihre Freude

sichtbar
în ciuda încercărilor lor de a părea întristat, bucuria lor era vizibilă
einen Moment später war alles verschwunden
o clipă mai târziu totul a dispărut
und auch die Befürchtungen der Schönheit verschwanden
iar temerile frumuseții au dispărut și ele
denn sie wusste, dass sie dem Tier vertrauen konnte
pentru că știa că poate avea încredere în fiară
Mittags fand sie das Abendessen fertig
La amiază a găsit cina pregătită
sie setzte sich an den Tisch
se așeză la masă
und sie wurde mit einem Musikkonzert unterhalten
și a fost distrată cu un concert de muzică
obwohl sie niemanden sehen konnte
deși nu putea vedea pe nimeni
abends setzte sie sich wieder zum Abendessen
noaptea s-a așezat din nou la cină
diesmal hörte sie das Geräusch, das das Tier machte
de data aceasta auzi zgomotul pe care îl făcea fiara
und sie konnte nicht anders, als Angst zu haben
iar ea nu se putea abține să fie îngrozită
"Schönheit", sagte das Monster
„Frumusețe", a spus monstrul
"erlaubst du mir, mit dir zu essen?"
„Îmi dai voie să mănânc cu tine?"
"Mach, was du willst", antwortete die Schönheit zitternd
„Fă cum vrei", a răspuns frumusețea tremurând
„Nein", antwortete das Tier
— Nu, răspunse fiara
„Du allein bist hier die Herrin"
"Singura tu ești amanta aici"
„Sie können mich wegschicken, wenn ich Ärger mache"
„Poți să mă trimiți dacă sunt supărător"
„schick mich fort, und ich werde mich sofort zurückziehen"

"Trimite-ma si ma voi retrage imediat"
„Aber sagen Sie mir: Finden Sie mich nicht sehr hässlich?"
"Dar, spune-mi; nu crezi că sunt foarte urâtă?"
„Das stimmt", sagte die Schönheit
„Asta este adevărat", a spus frumusețea
„Ich kann nicht lügen"
„Nu pot să spun o minciună"
„aber ich glaube, Sie sind sehr gutmütig"
"dar cred ca esti foarte bun"
„Das bin ich tatsächlich", sagte das Monster
— Chiar sunt, spuse monstrul
„Aber abgesehen von meiner Hässlichkeit habe ich auch keinen Verstand"
„Dar în afară de urâțenia mea, nu am nici un sens"
„Ich weiß sehr wohl, dass ich ein dummes Wesen bin"
„Știu foarte bine că sunt o creatură proastă"
„Es ist kein Zeichen von Torheit, so zu denken", antwortete die Schönheit
„Nu este un semn de prostie să crezi așa", a răspuns frumusețea
„Dann iss, Schönheit", sagte das Monster
— Mănâncă atunci, frumusețe, spuse monstrul
„Versuchen Sie, sich in Ihrem Palast zu amüsieren"
„Încearcă să te distrezi în palatul tău"
"alles hier gehört dir"
„Totul aici este al tău"
„Und ich wäre sehr unruhig, wenn Sie nicht glücklich wären"
„și aș fi foarte neliniștit dacă nu ai fi fericit"
„Sie sind sehr zuvorkommend", antwortete die Schönheit
— Ești foarte amabil, răspunse frumusețea
„Ich gebe zu, ich freue mich über Ihre Freundlichkeit"
„Recunosc că sunt mulțumit de bunătatea ta"
„Und wenn ich über deine Freundlichkeit nachdenke, fallen mir deine Missbildungen kaum auf"
„și când mă gândesc la bunătatea ta, cu greu observ

deformările tale"
„Ja, ja", sagte das Tier, „mein Herz ist gut
„Da, da", a spus fiara, „inima mea este bună
„Aber obwohl ich gut bin, bin ich immer noch ein Monster"
„dar, deși sunt bun, tot sunt un monstru"
„Es gibt viele Männer, die diesen Namen mehr verdienen als Sie."
„Sunt mulți bărbați care merită acest nume mai mult decât tine"
„und ich bevorzuge dich, so wie du bist"
„și te prefer așa cum ești"
„und ich ziehe dich denen vor, die ein undankbares Herz verbergen"
„și te prefer pe tine mai mult decât pe cei care ascund o inimă nerecunoscătoare"
"Wenn ich nur etwas Verstand hätte", antwortete das Biest
„Dacă aș avea oarecare simț", a răspuns fiara
„Wenn ich vernünftig wäre, würde ich Ihnen als Dank ein schönes Kompliment machen"
„Dacă aș avea sens, aș face un compliment frumos ca să-ți mulțumesc"
"aber ich bin so langweilig"
„dar sunt atât de plictisitor"
„Ich kann nur sagen, dass ich Ihnen zu großem Dank verpflichtet bin"
„Pot doar să spun că vă sunt foarte recunoscător"
Schönheit aß ein herzhaftes Abendessen
frumusețea a mâncat o cină copioasă
und sie hatte ihre Angst vor dem Monster fast überwunden
și aproape că își învinsese teama față de monstru
aber sie wollte ohnmächtig werden, als das Biest ihr die nächste Frage stellte
dar a vrut să leșine când fiara i-a pus următoarea întrebare
"Schönheit, willst du meine Frau werden?"
"frumusețe, vei fi soția mea?"
es dauerte eine Weile, bis sie antworten konnte

a luat ceva timp până să poată răspunde
weil sie Angst hatte, ihn wütend zu machen
pentru că îi era frică să nu-l înfurie
Schließlich sagte sie jedoch "nein, Biest"
în cele din urmă, însă, ea a spus „nu, fiară"
sofort zischte das arme Monster ganz fürchterlich
imediat bietul monstru șuieră foarte înspăimântător
und der ganze Palast hallte
iar tot palatul răsună
aber die Schönheit erholte sich bald von ihrem Schrecken
dar frumusețea și-a revenit curând din spaima ei
denn das Tier sprach wieder mit trauriger Stimme
pentru că fiara a vorbit din nou cu un glas jalnic
„Dann leb wohl, Schönheit"
„Atunci la revedere, frumusețe"
und er drehte sich nur ab und zu um
și se întorcea doar din când în când
um sie anzusehen, als er hinausging
să se uite la ea când ieșea
jetzt war die Schönheit wieder allein
acum frumusețea era din nou singură
Sie empfand großes Mitgefühl
a simțit o mare compasiune
„Ach, es ist tausendmal schade"
"Vai, sunt o mie de mila"
„Etwas, das so gutmütig ist, sollte nicht so hässlich sein"
„Orice lucru atât de bun nu ar trebui să fie atât de urât"
Schönheit verbrachte drei Monate sehr zufrieden im Palast
frumusețea a petrecut trei luni foarte mulțumită în palat
jeden Abend stattete ihr das Biest einen Besuch ab
în fiecare seară fiara îi făcea o vizită
und sie redeten beim Abendessen
și au vorbit în timpul cinei
Sie sprachen mit gesundem Menschenverstand
vorbeau cu bun simț
aber sie sprachen nicht mit dem, was man als geistreich

bezeichnet
dar nu vorbeau cu ceea ce oamenii numesc duh
Schönheit entdeckte immer einen wertvollen Charakter im Biest
frumusețea a descoperit întotdeauna un caracter valoros în fiară
und sie hatte sich an seine Missbildung gewöhnt
iar ea se obișnuise cu diformitatea lui
sie fürchtete sich nicht mehr vor seinem Besuch
nu se mai temea de momentul vizitei lui
jetzt schaute sie oft auf die Uhr
acum se uita adesea la ceas
und sie konnte es kaum erwarten, bis es neun Uhr war
și abia aștepta să fie ora nouă
denn das Tier kam immer zu dieser Stunde
pentru că fiara nu rata niciodată să vină la acea oră
Es gab nur eine Sache, die Schönheit betraf
era un singur lucru care privea frumusețea
jeden Abend, bevor sie ins Bett ging, stellte ihr das Biest die gleiche Frage
în fiecare seară înainte de a merge la culcare, fiara îi punea aceeași întrebare
Das Monster fragte sie, ob sie seine Frau werden wolle
monstrul a întrebat-o dacă va fi soția lui
Eines Tages sagte sie zu ihm: „Biest, du machst mir große Sorgen."
într-o zi ea i-a spus: „fiară, mă faci foarte neliniștit"
„Ich wünschte, ich könnte einwilligen, dich zu heiraten"
„Mi-aș dori să fiu de acord să mă căsătoresc cu tine"
„Aber ich bin zu aufrichtig, um dir zu glauben zu machen, dass ich dich heiraten würde"
„dar sunt prea sincer să te fac să crezi că mă voi căsători cu tine"
„Unsere Ehe wird nie stattfinden"
„căsătoria noastră nu se va întâmpla niciodată"
„Ich werde dich immer als Freund sehen"

„Te voi vedea mereu ca pe un prieten"
„Bitte versuchen Sie, damit zufrieden zu sein"
„Te rog, încearcă să fii mulțumit de asta"
„Damit muss ich zufrieden sein", sagte das Tier
— Trebuie să fiu mulțumit de asta, spuse fiara
„Ich kenne mein eigenes Unglück"
„Îmi cunosc propria nenorocire"
„aber ich liebe dich mit der zärtlichsten Zuneigung"
"dar te iubesc cu cea mai tandra afectiune"
„Ich sollte mich jedoch als glücklich betrachten"
„Totuși, ar trebui să mă consider fericit"
"und ich würde mich freuen, wenn du hier bleibst"
"și ar trebui să fiu fericit că vei rămâne aici"
„versprich mir, mich nie zu verlassen"
„Promite-mi să nu mă părăsești niciodată"
Schönheit errötete bei diesen Worten
frumusețea se înroși la aceste cuvinte
Eines Tages schaute die Schönheit in ihren Spiegel
într-o zi frumusețea se uita în oglinda ei
ihr Vater hatte sich schreckliche Sorgen um sie gemacht
tatăl ei se îngrijorase bolnav pentru ea
sie sehnte sich mehr denn je danach, ihn wiederzusehen
tânjea să-l revadă mai mult ca niciodată
„Ich könnte versprechen, dich nie ganz zu verlassen"
„Aș putea promite că nu te voi părăsi niciodată în întregime"
„aber ich habe so ein großes Verlangen, meinen Vater zu sehen"
„dar am o dorință atât de mare să-mi văd tatăl"
„Ich wäre unendlich verärgert, wenn Sie nein sagen würden"
„Aș fi incredibil de supărat dacă ai spune nu"
"Ich würde lieber selbst sterben", sagte das Monster
„Aș prefera să mor eu însumi", a spus monstrul
„Ich würde lieber sterben, als dir Unbehagen zu bereiten"
„Aș prefera să mor decât să te fac să te simți neliniștit"
„Ich werde dich zu deinem Vater schicken"

„Te voi trimite la tatăl tău"
„Du sollst bei ihm bleiben"
"vei ramane cu el"
"und dieses unglückliche Tier wird stattdessen vor Kummer sterben"
„și această fiară nefericită va muri de durere în schimb"
"Nein", sagte die Schönheit weinend
— Nu, spuse frumusețea, plângând
„Ich liebe dich zu sehr, um die Ursache deines Todes zu sein"
„Te iubesc prea mult pentru a fi cauza morții tale"
„Ich verspreche Ihnen, in einer Woche wiederzukommen"
„Îți promit că mă voi întoarce într-o săptămână"
„Du hast mir gezeigt, dass meine Schwestern verheiratet sind"
„Mi-ați arătat că surorile mele sunt căsătorite"
„und meine Brüder sind zur Armee gegangen"
„și frații mei au plecat la armată"
"Lass mich eine Woche bei meinem Vater bleiben, da er allein ist"
"Lasa-ma sa stau o saptamana cu tata, ca el este singur"
"Morgen früh wirst du dort sein", sagte das Tier
— Vei fi acolo mâine dimineață, spuse fiara
„Aber denk an dein Versprechen"
"dar aminteste-ti promisiunea"
„Sie brauchen Ihren Ring nur auf den Tisch zu legen, bevor Sie zu Bett gehen."
„Trebuie să-ți așezi inelul pe o masă înainte de a te culca"
"Und dann werdet ihr vor dem Morgen zurückgebracht"
„și apoi vei fi adus înapoi înainte de dimineață"
„Lebe wohl, liebe Schönheit", seufzte das Tier
— Adio dragă frumusețe, oftă fiara
Die Schönheit ging an diesem Abend sehr traurig ins Bett
frumusețea s-a culcat foarte trist în noaptea aceea
weil sie das Tier nicht so besorgt sehen wollte
pentru că nu voia să vadă fiara atât de îngrijorată

am nächsten Morgen fand sie sich im Haus ihres Vaters wieder
a doua zi dimineață se trezi acasă la tatăl ei
sie läutete eine kleine Glocke neben ihrem Bett
a sunat un mic clopoțel lângă patul ei
und das Dienstmädchen stieß einen lauten Schrei aus
iar servitoarea scoase un țipăt puternic
und ihr Vater rannte nach oben
iar tatăl ei a alergat sus
er dachte, er würde vor Freude sterben
credea că va muri de bucurie
er hielt sie eine Viertelstunde lang in seinen Armen
a ținut-o în brațe un sfert de oră
irgendwann waren die ersten Grüße vorbei
în cele din urmă primele salutări s-au terminat
Schönheit begann daran zu denken, aus dem Bett zu steigen
frumusețea a început să se gândească să se ridice din pat
aber sie merkte, dass sie keine Kleidung mitgebracht hatte
dar își dădu seama că nu adusese haine
aber das Dienstmädchen sagte ihr, sie habe eine Kiste gefunden
dar servitoarea i-a spus că a găsit o cutie
der große Koffer war voller Kleider und Kleider
portbagajul mare era plin de rochii și rochii
jedes Kleid war mit Gold und Diamanten bedeckt
fiecare rochie era acoperită cu aur și diamante
Schönheit dankte dem Tier für seine freundliche Pflege
frumusețea a mulțumit fiarei pentru grija lui amabilă
und sie nahm eines der schlichtesten Kleider
iar ea a luat una dintre cele mai simple dintre rochii
Die anderen Kleider wollte sie ihren Schwestern schenken
intenționa să le dea surorilor ei celelalte rochii
aber bei diesem Gedanken verschwand die Kleidertruhe
dar la acel gând, pieptul de haine a dispărut
Das Biest hatte darauf bestanden, dass die Kleidung nur für sie sei

Bestia insistase că hainele erau doar pentru ea
ihr Vater sagte ihr, dass dies der Fall sei
tatăl ei i-a spus că acesta este cazul
und sofort kam die Kleidertruhe wieder zurück
și imediat cufărul de haine s-a întors din nou
Schönheit kleidete sich mit ihren neuen Kleidern
frumusețea s-a îmbrăcat cu hainele ei noi
und in der Zwischenzeit gingen die Mägde los, um ihre Schwestern zu finden
iar între timp slujnicele s-au dus să-i găsească surorile
Ihre beiden Schwestern waren mit ihren Ehemännern
amândoi sora ei erau cu soții lor
aber ihre beiden Schwestern waren sehr unglücklich
dar ambele surori erau foarte nefericite
Ihre älteste Schwester hatte einen sehr gutaussehenden Herrn geheiratet
sora ei mai mare se măritase cu un domn foarte frumos
aber er war so selbstgefällig, dass er seine Frau vernachlässigte
dar era atât de îndrăgostit de sine, încât și-a neglijat soția
Ihre zweite Schwester hatte einen geistreichen Mann geheiratet
a doua ei soră se căsătorise cu un bărbat plin de duh
aber er nutzte seinen Witz, um die Leute zu quälen
dar și-a folosit mărturia pentru a chinui oamenii
und am meisten quälte er seine Frau
și și-a chinuit mai ales soția
Die Schwestern der Schönheit sahen sie wie eine Prinzessin gekleidet
surorile frumuseții au văzut-o îmbrăcată ca o prințesă
und sie waren krank vor Neid
și s-au îmbolnăvit de invidie
jetzt war sie schöner als je zuvor
acum era mai frumoasă ca niciodată
ihr liebevolles Verhalten konnte ihre Eifersucht nicht unterdrücken

comportamentul ei afectuos nu le putea înăbuși gelozia
Sie erzählte ihnen, wie glücklich sie mit dem Tier war
le-a spus cât de fericită era cu fiara
und ihre Eifersucht war kurz vor dem Platzen
iar gelozia lor era gata să izbucnească
Sie gingen in den Garten, um über ihr Unglück zu weinen
Au coborât în grădină să plângă de nenorocirea lor
„**Inwiefern ist dieses kleine Geschöpf besser als wir?**"
„În ce fel este această creatură mai bună decât noi?"
„**Warum sollte sie so viel glücklicher sein?**"
— De ce ar trebui să fie atât de fericită?
„**Schwester**", **sagte die ältere Schwester**
— Soră, spuse sora mai mare
„**Mir ist gerade ein Gedanke gekommen**"
„un gând tocmai mi-a lovit mintea"
„**Versuchen wir, sie länger als eine Woche hier zu behalten**"
„Hai să încercăm să o ținem aici mai mult de o săptămână"
„**Vielleicht macht das das dumme Monster wütend**"
„Poate că asta îl va înfuria pe monstrul prost"
„**weil sie ihr Wort gebrochen hätte**"
„pentru că și-ar fi încălcat cuvântul"
"**und dann könnte er sie verschlingen**"
„și atunci s-ar putea să o devoreze"
"**Das ist eine tolle Idee**", **antwortete die andere Schwester**
„Este o idee grozavă", a răspuns cealaltă soră
„**Wir müssen ihr so viel Freundlichkeit wie möglich entgegenbringen**"
„trebuie să-i arătăm cât mai multă bunătate"
Die Schwestern fassten den Entschluss
surorile au făcut aceasta rezoluție
und sie verhielten sich sehr liebevoll gegenüber ihrer Schwester
și s-au purtat foarte afectuos față de sora lor
Die arme Schönheit weinte vor Freude über all ihre Freundlichkeit
biata frumusețe a plâns de bucurie din toată bunătatea lor

Als die Woche um war, weinten sie und rauften sich die Haare
când a expirat săptămâna, au plâns și și-au rupt părul
es schien ihnen so leid zu tun, sich von ihr zu trennen
păreau atât de rău să se despartă de ea
und die Schönheit versprach, noch eine Woche länger zu bleiben
iar frumusețea a promis că va mai rămâne o săptămână
In der Zwischenzeit konnte die Schönheit nicht umhin, über sich selbst nachzudenken
Între timp, frumusețea nu s-a putut abține să se gândească la ea însăși
sie machte sich Sorgen darüber, was sie dem armen Tier antat
se îngrijora ce îi făcea sărmanei fiare
Sie wusste, dass sie ihn aufrichtig liebte
ea știe că l-a iubit sincer
und sie sehnte sich wirklich danach, ihn wiederzusehen
și își dorea foarte mult să-l revadă
Auch die zehnte Nacht verbrachte sie bei ihrem Vater
a zecea noapte pe care a petrecut-o și la tatăl ei
sie träumte, sie sei im Schlossgarten
a visat că se află în grădina palatului
und sie träumte, sie sähe das Tier ausgestreckt im Gras liegen
și a visat că vede fiara întinsă pe iarbă
er schien ihr mit sterbender Stimme Vorwürfe zu machen
părea să-i reproșeze cu o voce pe moarte
und er warf ihr Undankbarkeit vor
iar el a acuzat-o de ingratitudine
Schönheit erwachte aus ihrem Schlaf
frumusețea s-a trezit din somn
und sie brach in Tränen aus
iar ea a izbucnit în lacrimi
„Bin ich nicht sehr böse?"
— Nu sunt eu foarte rău?

„War es nicht grausam von mir, so unfreundlich gegenüber dem Tier zu sein?"
— Nu a fost crud din partea mea să mă comport atât de rău cu fiara?
„Das Biest hat alles getan, um mir zu gefallen"
„fiara a făcut totul pentru a-mi mulțumi"
"Ist es seine Schuld, dass er so hässlich ist?"
— Este vina lui că e atât de urât?
„Ist es seine Schuld, dass er so wenig Verstand hat?"
— Este vina lui că are atât de puțină inteligență?
„Er ist freundlich und gut, und das genügt"
„El este bun și bun și asta este suficient"
„Warum habe ich mich geweigert, ihn zu heiraten?"
— De ce am refuzat să mă căsătoresc cu el?
„Ich sollte mit dem Monster glücklich sein"
„Ar trebui să fiu fericit cu monstrul"
„Schau dir die Männer meiner Schwestern an"
„Uită-te la soții surorilor mele"
„Weder Witz noch Schönheit machen sie gut"
„nici spiritul, nici o ființă frumoasă nu-i face buni"
„Keiner ihrer Ehemänner macht sie glücklich"
„niciunul dintre soți nu îi face fericiți"
„sondern Tugend, Sanftmut und Geduld"
„dar virtutea, dulceața temperamentului și răbdarea"
„Diese Dinge machen eine Frau glücklich"
„Aceste lucruri fac o femeie fericită"
„und das Tier hat all diese wertvollen Eigenschaften"
„iar fiara are toate aceste calități valoroase"
„es ist wahr, ich empfinde keine Zärtlichkeit und Zuneigung für ihn"
"este adevarat; nu simt tandretea afectiunii pentru el"
„aber ich empfinde für ihn die allergrößte Dankbarkeit"
„dar constat că am cea mai mare recunoștință pentru el"
„und ich habe die höchste Wertschätzung für ihn"
„și am cea mai mare stima pentru el"
"und er ist mein bester Freund"

„și el este cel mai bun prieten al meu"
„Ich werde ihn nicht unglücklich machen"
„Nu-l voi face nenorocit"
„Wenn ich so undankbar wäre, würde ich mir das nie verzeihen"
„Dacă aș fi atât de nerecunoscător, nu m-aș ierta niciodată"
Schönheit legte ihren Ring auf den Tisch
frumusețea și-a pus inelul pe masă
und sie ging wieder zu Bett
iar ea s-a culcat din nou
kaum war sie im Bett, da schlief sie ein
abia dacă era în pat înainte de a adormi
Sie wachte am nächsten Morgen wieder auf
s-a trezit din nou a doua zi dimineața
und sie war überglücklich, sich im Palast des Tieres wiederzufinden
iar ea a fost nespus de bucuroasă să se poată găsi în palatul fiarei
Sie zog eines ihrer schönsten Kleider an, um ihm zu gefallen
și-a pus una dintre cele mai frumoase rochii ale ei pentru a-i face plăcere
und sie wartete geduldig auf den Abend
iar ea a așteptat cu răbdare seara
kam die ersehnte Stunde
a venit ora dorită
die Uhr schlug neun, doch kein Tier erschien
ceasul a bătut nouă, dar nicio fiară nu a apărut
Schönheit befürchtete dann, sie sei die Ursache seines Todes gewesen
Beauty se temea atunci că ea fusese cauza morții lui
Sie rannte weinend durch den ganzen Palast
a alergat plângând prin tot palatul
nachdem sie ihn überall gesucht hatte, erinnerte sie sich an ihren Traum
după ce l-a căutat peste tot, ea și-a amintit de visul ei
und sie rannte zum Kanal im Garten

iar ea a fugit la canalul din grădină
Dort fand sie das arme Tier ausgestreckt
acolo a găsit biata fiară întinsă
und sie war sicher, dass sie ihn getötet hatte
și era sigură că l-a ucis
sie warf sich ohne Furcht auf ihn
ea s-a aruncat asupra lui fără nicio teamă
sein Herz schlug noch
inima îi mai batea
sie holte etwas Wasser aus dem Kanal
ea a luat niște apă din canal
und sie goss das Wasser über seinen Kopf
iar ea i-a turnat apa pe cap
Das Tier öffnete seine Augen und sprach mit der Schönheit
fiara a deschis ochii și a vorbit frumuseții
„Du hast dein Versprechen vergessen"
„Ți-ai uitat promisiunea"
„Es hat mir das Herz gebrochen, dich verloren zu haben"
„Am fost atât de zdrobit că te-am pierdut"
„Ich beschloss, zu hungern"
„Am hotărât să mă înfometez"
„aber ich habe das Glück, Sie wiederzusehen"
„dar am fericirea să te văd încă o dată"
„so habe ich das Vergnügen, zufrieden zu sterben"
„deci am plăcerea de a muri satisfăcut"
„Nein, liebes Tier", sagte die Schönheit, „du darfst nicht sterben"
„Nu, dragă fiară", a spus frumusețea, „nu trebuie să mori"
„Lebe, um mein Ehemann zu sein"
„Trăiește pentru a fi soțul meu"
„Von diesem Augenblick an reiche ich dir meine Hand"
"din acest moment iti dau mana mea"
„und ich schwöre, niemand anderes als Dein zu sein"
„și jur că nu fii decât al tău"
„Ach! Ich dachte, ich hätte nur Freundschaft für dich."
"Vai! Am crezut că am doar o prietenie pentru tine"

"aber der Kummer, den ich jetzt fühle, überzeugt mich;"
„dar durerea pe care o simt acum mă convinge";
„Ich kann nicht ohne dich leben"
„Nu pot trăi fără tine"
Schönheit hatte diese Worte kaum gesagt, als sie ein Licht sah
frumusețea abia spusese aceste cuvinte când văzu o lumină
der Palast funkelte im Licht
palatul strălucea de lumină
Feuerwerk erleuchtete den Himmel
artificiile au luminat cerul
und die Luft erfüllt mit Musik
iar aerul s-a umplut de muzică
alles kündigte ein großes Ereignis an
totul a anunțat un eveniment grozav
aber nichts konnte ihre Aufmerksamkeit fesseln
dar nimic nu putea să-i rețină atenția
sie wandte sich ihrem lieben Tier zu
se întoarse spre fiara ei dragă
das Tier, vor dem sie vor Angst zitterte
fiara pentru care tremura de frică
aber ihre Überraschung über das, was sie sah, war groß!
dar surpriza ei a fost mare la ceea ce a văzut!
das Tier war verschwunden
fiara dispăruse
stattdessen sah sie den schönsten Prinzen
în schimb l-a văzut pe cel mai drăguț prinț
sie hatte den Zauber beendet
ea pusese capăt vrajei
ein Zauber, unter dem er einem Tier ähnelte
o vrajă sub care semăna cu o fiară
dieser Prinz war all ihre Aufmerksamkeit wert
acest prinț a fost demn de toată atenția ei
aber sie konnte nicht anders und musste fragen, wo das Biest war
dar nu se putea abține să nu întrebe unde era fiara

„Du siehst ihn zu deinen Füßen", sagte der Prinz
— Îl vezi la picioarele tale, spuse prințul
„Eine böse Fee hatte mich verdammt"
„O zână rea mă condamnase"
„Ich sollte diese Gestalt behalten, bis eine wunderschöne Prinzessin einwilligte, mich zu heiraten."
„Trebuia să rămân în această formă până când o prințesă frumoasă a acceptat să se căsătorească cu mine"
„Die Fee hat mein Verständnis verborgen"
„zâna mi-a ascuns înțelegerea"
„Du warst der Einzige, der großzügig genug war, um von meiner guten Laune bezaubert zu sein."
„Ai fost singurul suficient de generos pentru a fi fermecat de bunătatea temperamentului meu"
Schönheit war angenehm überrascht
frumusețea a fost fericită surprinsă
und sie gab dem bezaubernden Prinzen ihre Hand
iar ea îi dădu mâna prințului fermecător
Sie gingen zusammen ins Schloss
au intrat împreună în castel
und die Schöne war überglücklich, ihren Vater im Schloss zu finden
iar frumusețea a fost încântată să-și găsească tatăl în castel
und ihre ganze Familie war auch da
și toată familia ei era acolo
sogar die schöne Dame, die in ihrem Traum erschienen war, war da
chiar și frumoasa doamnă care a apărut în visul ei era acolo
"Schönheit", sagte die Dame aus dem Traum
„frumusețe", a spus doamna din vis
„Komm und empfange deine Belohnung"
„Vino și primește-ți răsplata"
„Sie haben die Tugend dem Witz oder dem Aussehen vorgezogen"
„ai preferat virtutea în detrimentul inteligenței sau înfățișării"
„und Sie verdienen jemanden, in dem diese Eigenschaften

vereint sind"
„și meriți pe cineva în care aceste calități sunt unite"
„Du wirst eine großartige Königin sein"
"vei fi o regină grozavă"
„Ich hoffe, der Thron wird deine Tugend nicht schmälern"
„Sper că tronul nu îți va diminua virtutea"
Dann wandte sich die Fee an die beiden Schwestern
apoi zâna se întoarse către cele două surori
„Ich habe in eure Herzen geblickt"
„Am văzut în inimile voastre"
„und ich kenne die ganze Bosheit, die in euren Herzen steckt"
„și știu toată răutatea pe care o conțin inimile voastre"
„Ihr beide werdet zu Statuen"
„Voi doi veți deveni statui"
„Aber ihr werdet euren Verstand bewahren"
„dar vă veți păstra mințile"
„Du sollst vor den Toren des Palastes deiner Schwester stehen"
„Vei sta la porțile palatului surorii tale"
„Das Glück deiner Schwester soll deine Strafe sein"
„Fericirea surorii tale va fi pedeapsa ta"
„Sie werden nicht in Ihren früheren Zustand zurückkehren können"
„Nu te vei putea întoarce la stările tale anterioare"
„es sei denn, Sie beide geben Ihre Fehler zu"
„Dacă nu vă recunoașteți amândoi greșelile"
„Aber ich sehe voraus, dass ihr immer Statuen bleiben werdet"
„dar prevăd că veți rămâne mereu statui"
„Stolz, Zorn, Völlerei und Faulheit werden manchmal besiegt"
„Mândria, mânia, lăcomia și lenevia sunt uneori cucerite"
„aber die Bekehrung neidischer und böswilliger Gemüter sind Wunder"
„ dar convertirea minților invidioase și răutăcioase sunt

miracole"
sofort strich die Fee mit ihrem Zauberstab
imediat zâna a dat o lovitură cu bagheta ei
und im nächsten Augenblick waren alle im Saal entrückt
și într-o clipă toate cele care se aflau în sală au fost transportate
Sie waren in die Herrschaftsgebiete des Fürsten eingedrungen
intraseră în stăpâniile prințului
die Untertanen des Prinzen empfingen ihn mit Freude
supușii prințului l-au primit cu bucurie
der Priester heiratete die Schöne und das Biest
preotul s-a căsătorit cu frumusețea și cu fiara
und er lebte viele Jahre mit ihr
și a trăit cu ea mulți ani
und ihr Glück war vollkommen
iar fericirea lor era deplină
weil ihr Glück auf Tugend beruhte
pentru că fericirea lor era întemeiată pe virtute

Das Ende
Sfârșitul

www.tranzlaty.com

www.ingramcontent.com/pod-product-compliance
Lightning Source LLC
Chambersburg PA
CBHW011552070526
44585CB00023B/2569